44
Lb 412.

HOMMAGE
A LA RELIGION
ET A LA GLOIRE,

PAR Mme GUÉNARD V.^e DE MERÉ,

Auteur des Mémoires de la Princesse de Lamballe, et de différens Ouvrages.

Orné du Buste de Notre Saint Père le Pape.

A PARIS;

Chez
{ M.-J. HÉNÉE, imprimeur, rue Saint-André-des-Arcs, n°. 2, ancien logement de M. KNAPEN.
DEMORAINE, libr., rue du Petit-Pont, n°. 97.
DELAUNAY, libraire, palais du Tribunat, 2me. galerie de bois, n.° 243.

AN XIII. — 1805.

A
LA RELIGION
ET A LA GLOIRE.

La Religion, la Gloire m'inspirent et élèvent ma faible voix pour apprendre à l'avenir étonné que Napoléon sut, également fidèle à leurs lois, les réunir pour rendre à la France son antique splendeur, que dis-je? pour l'élever au-dessus de tous les Empires.

France! tu verras ton nom placé à côté de celui de Rome! et, plus grande qu'elle, si tu étais maîtresse du monde, tu ne le serais que pour assurer la félicité du genre humain.

Mais où me laissai-je entraîner? Qu'ai-je besoin de pressentir de nouveaux triomphes? Voyons Napoléon grand de sa seule puissance, fort de ses vertus, venant s'incliner au pied de l'autel et reconnaître que de Dieu seul il tient toute sa gloire.

Je dirai combien est grand celui qui sut reporter la vie dans le corps politique, qui détourna de la France expirante les coups des scélérats qui se disputaient ses dépouilles, rappela la vertu exilée, rassembla les débris des sciences et des arts, et qui, ne pouvant réparer des pertes irréparables, rendit aux infortunés la seule consolation qu'il pouvait leur offrir, des Temples où ils viennent pleurer et espérer.

Combien est grande la sagesse de Napoléon ! qui sut prouver, contre l'opinion du dernier siècle, que celui qui veut porter ses États au plus haut degré de splendeur, doit en poser les bases sur les autels du Maître de nos destinées.

Les trois derniers règnes me sont présens ; j'ai recueilli, dans ma jeunesse, les souvenirs des vieillards qui avaient connu les grands hommes du siècle de Louis XIV et du commencement de celui de Louis XV. Les évènemens désastreux de la fin de ce règne, et ceux du dernier de nos Rois, ont marqué les différentes époques de ma vie ; ainsi dans l'âge où l'âme jouit encore de toute la force des organes, j'ai les souvenirs de la plus longue vieillesse, et ces souvenirs m'ont prouvé, je le répète, que la gloire qui s'appuie sur les opinions religieuses est la seule véritable ; elle écarte, par sa lumière, l'insensible athéisme et le fanatisme odieux.

Lorsqu'un vieillard dont la jeunesse a été abandonnée à de brillantes erreurs, revient aux sentimens de la Religion, malheur à ses sujets! s'il se confie à ceux de ses Ministres qui, n'ayant pas le véritable esprit du Christianisme, abusent de sa faiblesse pour faire servir ses expiations à satisfaire leurs propres ressentimens ; alors on voit le courtisan devenir hypocrite, le soldat se charger de convertir; les magistrats oublier les fonctions augustes dont ils sont chargés, pour s'occuper de controverse ; les prisons, l'exil, la proscription être la suite de malheureuses disputes d'école.

Tel fut l'éclat de la Religion, dans les dernières années de Louis XIV.

Sous le règne suivant, elle s'exila de la cour ou du moins elle y fut sans crédit. Le plus aimable des hommes fut, pendant plusieurs lustres, un Roi adoré et digne de l'être; mais ses favoris affichèrent l'athéisme, le mépris des mœurs, et les saillies licencieuses qui étaient permises dans les petits appartemens, furent les étincelles qui préparèrent l'embrâsement où se sont englouti dix siècles de puissance.

Le meilleur et le plus infortuné des Monarques, pieux par goût, tolérant par principe, pratiqua la Religion comme particulier, crut comme

souverain devoir protection aux opinions philosophiques; la licence avait ébranlé le trône, la fausse philosophie le renversa. O vous! que le Ciel fit naître pour notre bonheur! Vous pour qui il a préparé tant d'évènemens divers! Vous dont je présageais la gloire, lorsque j'écrivais :
« Qui aurait dit alors au Roi : Dans cette con-
» trée sauvage, que le fléau de la guerre a
» rendue presque déserte, il existe un enfant
» encore au berceau, qui devenu Français par
» la réunion de ce petit Royaume au vôtre, dic-
» tera, au nom de sa patrie adoptive, des lois
» non-seulement en France, mais à toute l'Eu-
» rope qu'il étonnera par ses rapides conquêtes.
» De quel sentiment il aurait été frappé! et qu'il
» aurait bien pu dire : que sont les ressorts les
» plus déliés de la politique en comparaison de
» l'Etre des Etres, qui voit s'agiter l'espèce hu-
» maine pour venir à ce qu'elle croit à son but,
» et qui ne marche cependant jamais que pour
» remplir les desseins que le grand moteur s'est
» proposés? M. de Choiseul, pour illustrer son
» ministère, veut que le roi ajoute la Corse à
» ses possessions : l'or, le sang des hommes,
» tout est prodigué pour y réussir, et tout se
» se fait pour la gloire de cet enfant dont on
» ignore l'existence. O hommes! cessez de vou-

» loir gouverner d'après vos faibles lumières ;
» vos agitations, vos tourmens sont inutiles :
» vous ne retiendrez pas sur le penchant de
» l'abîme, celui qui doit s'y précipiter, et vous
» n'empêcherez pas l'élévation de ceux qui sont
» désignés pour remplir l'Univers de leurs hauts
» faits (1) ».

Vous saurez, évitant tous les écueils, montrer aux yeux de l'Europe étonnée, un prince dans l'âge des passions, respectant les mœurs, honorant la vertu, et connaissant assez ses intérêts pour n'attendre obéissance sincère que de ceux qui sont soumis aux vérités éternelles.

Jamais l'Empereur n'a rien fait de plus digne de lui que le Concordat, qui a tranquillisé les consciences, ouvert la porte au repentir, et récompensé ceux qui avaient préféré leur devoir aux maux qu'entraînent la misère et la proscription.

Sans parler des grands intérêts politiques, je ne veux considérer ce traité que par l'influence qu'il peut avoir sur le bonheur des Français.

C'est à NAPOLÉON que l'on doit le retour de ces élans de l'âme qu'un acte civile ne saurait

---

(1) Mémoire de la princesse de Lamballe, tom. I.ᵉʳ

faire éprouver; je vous le demande à vous, qui n'avez point appelé la bénédiction du Ciel sur votre hymen, avez-vous jamais connu ces douces émotions que l'on ressent en se retrouvant sous les voûtes du Temple où l'on a prêté le serment d'aimer toujours la compagne de sa vie ; je ne puis rendre le charme attaché aux cérémonies religieuses, mais elles portent avec elle un souvenir si précieux qu'il ne s'efface presque jamais. Voyez ce couple marié depuis plusieurs années, revenant dans la même Eglise où il fut uni, avec quelle sensibilité l'époux rappelle à sa compagne que là, au pied de cet autel, il a reçu sa foi. — Tu étais parée de ton innocence, et ton recueillement pendant les prières te rendait encore plus belle. — Tu promis de m'aimer toujours, répond la jeune femme ; tes sermens furent reçus du Ciel, et j'en ai pour garant la félicité que je te dois. A ces paroles leurs regards se confondent, leurs paupières se mouillent de douces larmes ; ils se serrent la main avec transport; leurs genoux fléchissent sur les degrés de l'autel. Ils ne forment qu'un vœu, celui qu'après avoir élevé leurs enfans, le même jour les voie descendre dans la tombe, et que l'on célèbre leurs obsèques dans ce même Temple où ils reçurent la bénédiction nuptiale.

Voyez ce vieillard qui s'approche à pas lents des fonds baptismaux ; il les considère quelques instans, et reportant sur lui-même un regard confus : « O ! dit-il, que ceux qui renoncèrent
» ici pour moi aux vanités de ce monde, qui
» passent comme l'éclair, avaient eu raison !
» j'ai tout tenté, usé de toutes ces vanités ; il ne
» m'en est resté que d'inutiles regrets. Gran-
» deurs, dignités, richesses, le tems et les orages
» politiques ont tout enseveli. Je n'ai plus d'au-
» tre titre que celui de chrétien ; mais celui-là
» ne me sera pas enlevé, il me précédera dans
» les tabernacles éternels où je serai bientôt
» admis. » Et un rayon de joie parut sur ce front qu'ombrageaient encore quelques cheveux blancs.

Mais quelle est cette femme dont la démarche noble annonce une illustre origine, et dont l'extrême simplicité dans la parure prouve qu'elle est pauvre ? Ses joues sont décolorées, ses lèvres tremblantes ; des pleurs rares coulent de ses yeux : elle se prosterne près d'une chapelle ; elle prie, soupire ; les noms d'époux et de fils échappent à sa douleur. Un Prêtre, revêtu d'ornemens funèbres, vient offrir pour les âmes qui sont si chères à cette infortunée, un sacrifice d'expiation, et peu à peu sa douleur se tempère ; les prières sont finies. Si elle n'est pas consolée, peut-on l'être quand on a perdu, par une mort violente et prématurée, ceux qui faisaient le charme de l'existence ? Au moins elle est calme ; et regardant désormais le Ciel comme sa patrie, elle attendra avec confiance le moment qui doit la réunir aux objets de ses affections.

Oui, je le répète, c'est à BONAPARTE, secondé par le Chef de l'Eglise, que nous devons ces bienfaits. Ces deux Grands Hommes devaient s'entendre ; tous deux avaient pressenti leurs hautes destinées : ils s'étaient salué comme autrefois le Père des Croyans et le Prêtre de l'Éternel.

Il semble que Dieu, qui cache au vulgaire les divers évènemens d'une vie sans éclat, dévoile à ceux qui sont revêtus de sa puissance sur ce globe, la brillante carrière qu'ils ont à parcourir. CHIARAMONTE et BONAPARTE s'apprécient et marquent la place qu'ils doivent occuper. Ils ne peuvent avoir que les mêmes intérêts, et le premier usage de la puissance du Pontife est de remplir les vœux de NAPOLÉON. Le concordat est signé. La paix venait d'être rendue à l'Europe ; le PREMIER CONSUL devait se flatter que mettant un terme à ses exploits, c'était faire assez pour que les Nations voisines ne cherchassent pas à troubler le repos de la France; mais les méchans n'en connaissent point, et les génies infernaux qui gouvernent l'Angleterre frémirent en voyant à quel degré de gloire nous allions parvenir. En vain ils avaient voulu nous accabler, la France était encore debout; ils machinèrent de nouveaux forfaits, car je ne cesserai jamais de répéter qu'ils furent seuls les auteurs des maux que nous avons souffert, et les scélérats qui déchirèrent notre Patrie, n'étaient que les vils agens du Gouvernement Britannique, mille fois plus atroce qu'eux. Ces monstres, en aiguisant le poignard dans les mains des Français contre des Français, riaient de l'idée que chaque coup leur ôtait un ennemi. Oui, lorsqu'ils conseillèrent à ceux des nôtres que le malheur avait exaspérés, de tramer des complots contre le Gouvernement, ces féroces Insulaires se plaisaient à penser que si la tête précieuse qu'ils dévouaient à la mort y échappait, au moins les assassins verseraient sur l'échafaud le sang qu'ils abhorrent. Que leur importe, innocent ou coupable, ceint de lauriers ou flétri par la loi, pourvu qu'ils voient un Français palpiter sous le poignard ou la hache, c'est pour eux un triomphe!

Plages de Quiberon! Mornes de St.-Domingue! vous attesterez dans tous les siècles la perfidie des Anglais! Mais qu'ils tremblent! les jours de leur puissance vont finir; le Héros de la France ne posera les armes qu'à l'instant où leurs têtes altières seront ensevelies sous les eaux de ces mers qu'ils asservirent trop longtems. Orgueilleuse Albion! tu seras punie des maux que tu nous a fais; tu as ri de nos pleurs, on rira des tiennes : quel sera le peuple qui te plaindra? Quel est celui que tu n'as pas insulté dans ta prospérité? On verrait bientôt croître les roseaux dans tes ports, si Napoléon ne voulait les faire servir au commerce du monde. En vain tu as cru que les Souverains de l'Europe s'armeraient pour renverser Bonaparte; c'est au moment où tu te croyais sûr de sa perte, qu'il élève le trône pour y prendre place. L'étonnement, l'admiration s'emparent de tous les cœurs, et tous sont forcés de dire : LUI SEUL EST DIGNE DE NOUS GOUVERNER; il est unanimement proclamé Empereur des Français. Que manque-t-il à sa gloire? que d'y mettre le sceau de la Religion. Le Chef de l'Empire Français ne peut recevoir l'Onction Sainte que du Chef de l'Eglise. Ainsi David la reçut de Samuël, lorsque Dieu, qui ôte et donne les Empires, ordonna à son Prophète de sacrer le fils de Jessé, ne voulant pas que la race de Saül conservât le sceptre d'Israël.

Le Saint Pontife voit, dans l'invitation de son cher fils Napoléon, l'ordre de Dieu même, et sans considérer les fatigues d'un aussi long voyage, dans une saison aussi rigoureuse, il franchit les monts glacés qui nous séparent de l'Italie.

Français d'origine, il éprouva une sorte de joie de voir la patrie de ses pères. Disciple et émule de St. Benoît, il sait que c'est aux travaux de son Ordre que les Français doivent la double culture de leurs champs et de leurs esprits ; il traverse ces vastes plaines où d'illustres Cénobites employaient les heures que leur laissaient la prière et l'étude, pour déraciner ces antiques forêts, dont jadis les ombres épaisses dérobaient aux regards du vulgaire les sacrifices affreux des Druides.

La France, ainsi que l'Italie, recèle dans ses nombreuses Bibliothèques, les travaux des Savans de cet Ordre, qui conserva au milieu des siècles de l'ignorance, le dépôt des connaissances humaines.

Aussi Chiaramonte, si les ordres de Dieu ne l'eussent pas élevé au Pontificat, n'en aurait pas moins, comme héritier des vertus et de la science de St. Benoît, été honoré en France par tous ceux dont les hommages sont d'autant plus flatteurs qu'ils sont le tribut d'une estime réfléchie (1).

Toutes les villes, sur le passage du Souverain Pontife s'empressent à lui témoigner leur profonde vénération ; toutes voudraient prolonger son séjour dans leurs enceintes ; mais il presse sa marche, pour arriver au but qu'il se propose. C'est Napoléon qu'il va revoir !

Il salue de loin ces arbres antiques qui couvrent de leur ombre le château qu'habitaient les anciens Souverains de la France ; il va s'y trouver réuni au Fils de la Victoire, qui, porté sur ses ailes, vint s'asseoir sur le trône perdu pour

---

(1) Nièce du Prieur des Bénédictins de l'Abbaye de Coulons, j'appris de bonne heure à révérer les vertus vraiment exemplaires des Religieux de cet Ordre. La manière auguste dont ils célébraient l'Office Divin, fit naître dans mon âme les premières impressions religieuses ; mon frère, M. Guénard de Faverolles, a appris, sous les disciples de St. Benoît, à pratiquer les vertus qui le rendent cher à sa famille ; il a conservé pour ses Instituteurs, le plus sincère attachement, sentiment particulier à tous les élèves des Bénédictins.

une famille infortunée, à qui la destinée, la marche invariable du tems, avaient ôté la force et les moyens nécessaires pour tenir les rênes d'un gouvernement ébranlé par une révolution aussi impossible à éviter dans l'ordre politique, que les orages dans les jours brûlans de l'été.

CHIARAMONTE, en pleurant sur les malheurs qu'elle entraîna, appelle d'avance les bénédictions du Ciel sur le seul Homme digne de les réparer. Il est à peine dans la route qui conduit au palais, que son cœur s'élance vers NAPOLÉON qui vient à sa rencontre; il le serre dans ses bras, et lui donne, avec un sentiment vraiment paternel, le doux nom de Fils. Leur entrevue a quelque chose de touchant et de sublime. Il existe, comme je l'ai dit, entre ces deux Hommes Illustres, un accord qui leur fait éprouver tout le charme de l'amitié et de la confiance. A peine arrivés, l'Empereur conduit le Souverain de Rome dans l'appartement de son Auguste Compagne. JOSÉPHINE, qui n'est étrangère à rien de ce qui demande de la dignité et de la grâce, déploie tous les dons qu'elle a reçu de la nature, pour marquer au Saint Pontife son respect et sa reconnaissance.

Quelques jours s'écoulent au sein de cette amitié cimentée par l'estime, mais il faut s'arracher à cette magnifique solitude, et la capitale du grand empire reçoit dans ses murs, le souverain de cette Rome, jadis maîtresse du monde; aujourd'hui centre du pouvoir ecclésiastique. Ce palais bâti par les enfans de l'Italie, qui apportèrent en France le goût des arts, offre un spectacle intéressant au yeux de Chiaramonte; c'est avec une sensible reconnaissance, qu'il trouve en quelque sorte son palais dans un des pavillons des Tuileries.

Enfin le jour qui doit éclairer la plus auguste cérémonie paraît, l'airain l'annonça, et bientôt un pompeux cortège conduit sous les voûtes antiques et sacrées de la métropole ce vieillard respectable qui porte sur sa tête la triple couronne, et le jeune héros pour lequel il vient implorer toutes les grâces divines.

Que Napoléon, à qui la France a dit : porte la couronne et le septre, puisque toi seul en est digne; que Napoléon ceint de lauriers, venant se prosterner au pied de l'autel et du représentant de Jésus sur la terre, offre un beau spectacle à notre âge et une grande leçon à la postérité. Toutes les puissances divines et humaines en sont émues, et le fils de Dieu se communique directement au saint Vieillard, lorsqu'il répand l'huile sainte sur le génie privilégié donné à la France pour la consoler, et l'élever au-dessus de tous ces rivaux.

Les esprits infernaux frémissent, se cachent dans l'ombre, en voyant notre patrie échapper à leurs noirs complots; et tout se réunit pour ajouter à la solemnité de ce jour à jamais mémorable dans les fastes de la gloire et de la religion.

De l'Imprimerie de M.-J. HÉNÉE, rue St.-André-des-Arcs, n°. 2 ancien logement de feu M. KNAPEN.

www.ingramcontent.com/pod-product-compliance
Lightning Source LLC
Chambersburg PA
CBHW060626050426
42451CB00012B/2450